— THE —
BIRD NERD

A BIRD WATCHING JOURNAL

THIS JOURNAL BELONGS TO:
_____

START DATE:　　　　　COMPLETION DATE:

M　　D　　Y　　　　M　　D　　Y

IF FOUND PLEASE EMAIL:
_____

BIRD NAME: _____ BIRD FAMILY: _____ BIRD LOCATION: _____	DATE: M D Y

TIME SEEN:	NUMBER OF BIRD SPOTTED 1 | 2 | 3 | 4 | 5+
WEATHER: ☀ | ☁ | 🌧 | ❄	SEASON: ☀ | 🍂 | ❄ | 🌱
HABITAT:	SOUNDS:
SIGHTED WITH:	RATING: ☆ ☆ ☆ ☆ ☆
BIRD'S ACTIONS: _____ _____ _____ _____ _____	YOUR ACTIONS: _____ _____ _____ _____ _____

BIRD'S APPEARANCE:
_____
_____
_____
_____
_____

ADDITIONAL OBSERVATIONS:
_____
_____
_____
_____
_____

SKETCH/ATTACH PHOTO:

BIRD NAME: _____ BIRD FAMILY: _____ BIRD LOCATION: _____	DATE: M D Y

TIME SEEN:	NUMBER OF BIRD SPOTTED 1 | 2 | 3 | 4 | 5+
WEATHER: ☀ | ☁ | 🌧 | ❄	SEASON: ☀ | 🍂 | ❄ | 🌱
HABITAT:	SOUNDS:
SIGHTED WITH:	RATING: ☆ ☆ ☆ ☆ ☆
BIRD'S ACTIONS: _____ _____ _____ _____ _____	YOUR ACTIONS: _____ _____ _____ _____ _____

BIRD'S APPEARANCE:
_____
_____
_____
_____

ADDITIONAL OBSERVATIONS:
_____
_____
_____
_____
_____

SKETCH/ATTACH PHOTO:

BIRD NAME: _____ BIRD FAMILY: _____	DATE: M D Y
BIRD LOCATION: _____	

TIME SEEN:	NUMBER OF BIRD SPOTTED
	1 | 2 | 3 | 4 | 5+

WEATHER:	SEASON:

HABITAT:	SOUNDS:

SIGHTED WITH:	RATING: ☆ ☆ ☆ ☆ ☆

BIRD'S ACTIONS:	YOUR ACTIONS:
_____	_____
_____	_____
_____	_____
_____	_____
_____	_____

BIRD'S APPEARANCE:

_____
_____
_____
_____
_____

ADDITIONAL OBSERVATIONS:

_____
_____
_____
_____
_____

SKETCH/ATTACH PHOTO:

BIRD NAME: _____ BIRD FAMILY: _____ BIRD LOCATION: _____	DATE: M D Y

TIME SEEN:	NUMBER OF BIRD SPOTTED 1 | 2 | 3 | 4 | 5+
WEATHER: ☀ | ☁ | ☂ | ❄	SEASON: ☀ | 🍂 | ❄ | 🌿
HABITAT:	SOUNDS:
SIGHTED WITH:	RATING: ☆ ☆ ☆ ☆ ☆
BIRD'S ACTIONS: _____ _____ _____ _____ _____	YOUR ACTIONS: _____ _____ _____ _____ _____

BIRD'S APPEARANCE:
_____
_____
_____
_____
_____

ADDITIONAL OBSERVATIONS:
_____
_____
_____
_____
_____

SKETCH/ATTACH PHOTO:

BIRD NAME: _____ BIRD FAMILY: _____	DATE: M D Y
BIRD LOCATION: _____	

TIME SEEN:	NUMBER OF BIRD SPOTTED
	1 | 2 | 3 | 4 | 5+
WEATHER: ☀ | ☁ | 🌧 | ❄	SEASON: ☀ | 🍂 | ❄ | 🌱
HABITAT:	SOUNDS:
SIGHTED WITH:	RATING: ☆ ☆ ☆ ☆ ☆
BIRD'S ACTIONS:	YOUR ACTIONS:

BIRD'S APPEARANCE:

ADDITIONAL OBSERVATIONS:

SKETCH/ATTACH PHOTO:

BIRD NAME: _____ BIRD FAMILY: _____	DATE:
BIRD LOCATION: _____	M D Y

TIME SEEN:	NUMBER OF BIRD SPOTTED
	1 | 2 | 3 | 4 | 5+

WEATHER:	SEASON:
☀ | ☁ | 🌧 | ❄	☀ | 🌱 | ❄ | 🌿

HABITAT:	SOUNDS:

SIGHTED WITH:	RATING:
	☆ ☆ ☆ ☆ ☆

BIRD'S ACTIONS:	YOUR ACTIONS:
_____	_____
_____	_____
_____	_____
_____	_____
_____	_____

BIRD'S APPEARANCE:
_____
_____
_____
_____
_____

ADDITIONAL OBSERVATIONS:
_____
_____
_____
_____
_____

SKETCH/ATTACH PHOTO:

		DATE:
BIRD NAME: _____ BIRD FAMILY: _____		M D Y
BIRD LOCATION: _____		

TIME SEEN:	NUMBER OF BIRD SPOTTED
	1 | 2 | 3 | 4 | 5+

WEATHER:	SEASON:
☀ | ☁ | 🌧 | ❄	☀ | 🍂 | ❄ | 🌱

HABITAT:	SOUNDS:

SIGHTED WITH:	RATING:
	☆ ☆ ☆ ☆ ☆

BIRD'S ACTIONS:	YOUR ACTIONS:
_____	_____
_____	_____
_____	_____
_____	_____
_____	_____

BIRD'S APPEARANCE:
_____
_____
_____
_____

ADDITIONAL OBSERVATIONS:
_____
_____
_____
_____

SKETCH/ATTACH PHOTO:

BIRD NAME: _____ BIRD FAMILY: _____	DATE:
BIRD LOCATION: _____	M D Y

| TIME SEEN: | NUMBER OF BIRD SPOTTED |
| | 1 \| 2 \| 3 \| 4 \| 5+ |

| WEATHER: | SEASON: |

| HABITAT: | SOUNDS: |

| SIGHTED WITH: | RATING: ☆ ☆ ☆ ☆ ☆ |

| BIRD'S ACTIONS: | YOUR ACTIONS: |

BIRD'S APPEARANCE:

ADDITIONAL OBSERVATIONS:

SKETCH/ATTACH PHOTO:

BIRD NAME: _____ BIRD FAMILY: _____	DATE:
BIRD LOCATION: _____	M D Y

| TIME SEEN: | NUMBER OF BIRD SPOTTED |
| | 1 \| 2 \| 3 \| 4 \| 5+ |

| WEATHER: ☀ \| ☁ \| 🌧 \| ❄ | SEASON: ☀ \| 🍂 \| ❄ \| 🌱 |

| HABITAT: | SOUNDS: |

| SIGHTED WITH: | RATING: ☆ ☆ ☆ ☆ ☆ |

BIRD'S ACTIONS:	YOUR ACTIONS:
_____	_____
_____	_____
_____	_____
_____	_____
_____	_____

BIRD'S APPEARANCE:

_____

_____

_____

_____

ADDITIONAL OBSERVATIONS:

_____

_____

_____

_____

SKETCH/ATTACH PHOTO:

BIRD NAME: _____ BIRD FAMILY: _____ BIRD LOCATION: _____	DATE: M D Y

TIME SEEN:	NUMBER OF BIRD SPOTTED 1 | 2 | 3 | 4 | 5+
WEATHER: ☀ | ☁ | 🌧 | ❄	SEASON: ☀ | 🍂 | ❄ | 🌱
HABITAT:	SOUNDS:
SIGHTED WITH:	RATING: ☆ ☆ ☆ ☆ ☆
BIRD'S ACTIONS: _____ _____ _____ _____ _____	YOUR ACTIONS: _____ _____ _____ _____ _____

BIRD'S APPEARANCE:
_____
_____
_____
_____
_____

ADDITIONAL OBSERVATIONS:
_____
_____
_____
_____
_____

SKETCH/ATTACH PHOTO:

BIRD NAME: _____ BIRD FAMILY: _____ BIRD LOCATION: _____	DATE: M D Y
TIME SEEN:	NUMBER OF BIRD SPOTTED 1 | 2 | 3 | 4 | 5+
WEATHER: ☀ | ☁ | 🌧 | ❄	SEASON: ☀ | 🍂 | ❄ | 🌱
HABITAT:	SOUNDS:
SIGHTED WITH:	RATING: ☆ ☆ ☆ ☆ ☆
BIRD'S ACTIONS:	YOUR ACTIONS:

BIRD'S APPEARANCE:

_____

_____

_____

_____

_____

ADDITIONAL OBSERVATIONS:

_____

_____

_____

_____

SKETCH/ATTACH PHOTO:

		DATE:
BIRD NAME: _____ BIRD FAMILY: _____		M D Y
BIRD LOCATION: _____		

TIME SEEN:

NUMBER OF BIRD SPOTTED
1 | 2 | 3 | 4 | 5+

WEATHER:
☀ | ☁ | 🌧 | ❄

SEASON:
☀ | 🍂 | ❄ | 🌱

HABITAT:

SOUNDS:

SIGHTED WITH:

RATING:
☆ ☆ ☆ ☆ ☆

BIRD'S ACTIONS:
_____
_____
_____
_____
_____

YOUR ACTIONS:
_____
_____
_____
_____
_____

BIRD'S APPEARANCE:
_____
_____
_____
_____
_____

ADDITIONAL OBSERVATIONS:
_____
_____
_____
_____
_____

SKETCH/ATTACH PHOTO:

		DATE:
BIRD NAME: _____ BIRD FAMILY: _____		M D Y
BIRD LOCATION: _____		

TIME SEEN:	NUMBER OF BIRD SPOTTED
	1　│　2　│　3　│　4　│　5+

WEATHER:	SEASON:

HABITAT:	SOUNDS:

SIGHTED WITH:	RATING:
	☆ ☆ ☆ ☆ ☆

BIRD'S ACTIONS:	YOUR ACTIONS:
_____	_____
_____	_____
_____	_____
_____	_____
_____	_____

BIRD'S APPEARANCE:

_____
_____
_____
_____
_____

ADDITIONAL OBSERVATIONS:

_____
_____
_____
_____
_____

SKETCH/ATTACH PHOTO:

BIRD NAME: _____ BIRD FAMILY: _____	DATE:
BIRD LOCATION: _____	M D Y

TIME SEEN:	NUMBER OF BIRD SPOTTED
	1 | 2 | 3 | 4 | 5+

WEATHER:	SEASON:
☀ | ☁ | 🌧 | ❄	☀ | 🍂 | ❄ | 🌿

HABITAT:	SOUNDS:

SIGHTED WITH:	RATING:
	☆ ☆ ☆ ☆ ☆

BIRD'S ACTIONS:	YOUR ACTIONS:
_____	_____
_____	_____
_____	_____
_____	_____
_____	_____

BIRD'S APPEARANCE:

_____
_____
_____
_____
_____

ADDITIONAL OBSERVATIONS:

_____
_____
_____
_____
_____

SKETCH/ATTACH PHOTO:

| BIRD NAME: _____ BIRD FAMILY: _____ | DATE: |
| BIRD LOCATION: _____ | M D Y |

| TIME SEEN: | NUMBER OF BIRD SPOTTED |
| | 1 \| 2 \| 3 \| 4 \| 5+ |

WEATHER: ☀ | ☁ | 🌧 | ❄

SEASON: ☀ | 🍂 | ❄ | 🌱

HABITAT:

SOUNDS:

SIGHTED WITH:

RATING: ☆ ☆ ☆ ☆ ☆

BIRD'S ACTIONS:
_____
_____
_____
_____
_____

YOUR ACTIONS:
_____
_____
_____
_____
_____

BIRD'S APPEARANCE:
_____
_____
_____
_____

ADDITIONAL OBSERVATIONS:
_____
_____
_____
_____

SKETCH/ATTACH PHOTO:

BIRD NAME: _____ BIRD FAMILY: _____	DATE:
BIRD LOCATION: _____	M D Y

TIME SEEN:	NUMBER OF BIRD SPOTTED
	1 | 2 | 3 | 4 | 5+

WEATHER:	SEASON:
☀ | ☁ | 🌧 | ❄	☀ | 🍂 | ❄ | 🌿

HABITAT:	SOUNDS:

SIGHTED WITH:	RATING:
	☆ ☆ ☆ ☆ ☆

BIRD'S ACTIONS:	YOUR ACTIONS:

BIRD'S APPEARANCE:

ADDITIONAL OBSERVATIONS:

SKETCH/ATTACH PHOTO:

BIRD NAME: _____ BIRD FAMILY: _____	DATE:		
BIRD LOCATION: _____	M	D	Y

TIME SEEN:	NUMBER OF BIRD SPOTTED
	1 | 2 | 3 | 4 | 5+

WEATHER: ☀ | ☁ | 🌧 | ❄	SEASON: ☀ | 🍂 | ❄ | 🌱
HABITAT:	SOUNDS:
SIGHTED WITH:	RATING: ☆ ☆ ☆ ☆ ☆
BIRD'S ACTIONS: _____ _____ _____ _____ _____	YOUR ACTIONS: _____ _____ _____ _____ _____

BIRD'S APPEARANCE:
_____
_____
_____
_____

ADDITIONAL OBSERVATIONS:
_____
_____
_____
_____

SKETCH/ATTACH PHOTO:

BIRD NAME: _____ BIRD FAMILY: _____	DATE: M D Y
BIRD LOCATION: _____	

TIME SEEN:	NUMBER OF BIRD SPOTTED 1 | 2 | 3 | 4 | 5+
WEATHER:	SEASON:
HABITAT:	SOUNDS:
SIGHTED WITH:	RATING: ☆ ☆ ☆ ☆ ☆
BIRD'S ACTIONS: _____ _____ _____ _____ _____	YOUR ACTIONS: _____ _____ _____ _____ _____

BIRD'S APPEARANCE:
_____
_____
_____
_____

ADDITIONAL OBSERVATIONS:
_____
_____
_____
_____

SKETCH/ATTACH PHOTO:

		DATE:
BIRD NAME: _____ BIRD FAMILY: _____		M D Y
BIRD LOCATION: _____		

TIME SEEN:	NUMBER OF BIRD SPOTTED
	1 | 2 | 3 | 4 | 5+

WEATHER:	SEASON:
☀ | ☁ | 🌧 | ❄	☀ | 🍂 | ❄ | 🌱

HABITAT:	SOUNDS:

SIGHTED WITH:	RATING:
	☆ ☆ ☆ ☆ ☆

BIRD'S ACTIONS:	YOUR ACTIONS:
_____	_____
_____	_____
_____	_____
_____	_____
_____	_____

BIRD'S APPEARANCE:

_____

_____

_____

_____

_____

ADDITIONAL OBSERVATIONS:

_____

_____

_____

_____

_____

SKETCH/ATTACH PHOTO:

BIRD NAME: _____ BIRD FAMILY: _____	DATE: M D Y
BIRD LOCATION: _____	

TIME SEEN:	NUMBER OF BIRD SPOTTED 1 | 2 | 3 | 4 | 5+
WEATHER: ☀ | ☁ | 🌧 | ❄	SEASON: ☀ | 🍂 | ❄ | 🌿
HABITAT:	SOUNDS:
SIGHTED WITH:	RATING: ☆ ☆ ☆ ☆ ☆
BIRD'S ACTIONS: _____ _____ _____ _____ _____	YOUR ACTIONS: _____ _____ _____ _____ _____

BIRD'S APPEARANCE:
_____
_____
_____
_____

ADDITIONAL OBSERVATIONS:
_____
_____
_____
_____

SKETCH/ATTACH PHOTO:

| BIRD NAME: _____ BIRD FAMILY: _____ | DATE: |
| BIRD LOCATION: _____ | M   D   Y |

TIME SEEN:

NUMBER OF BIRD SPOTTED
1 | 2 | 3 | 4 | 5+

WEATHER:
☀ | ☁ | 🌧 | ❄

SEASON:
☀ | 🍂 | ❄ | 🌱

HABITAT:

SOUNDS:

SIGHTED WITH:

RATING:
☆ ☆ ☆ ☆ ☆

BIRD'S ACTIONS:
_____
_____
_____
_____
_____

YOUR ACTIONS:
_____
_____
_____
_____
_____

BIRD'S APPEARANCE:
_____
_____
_____
_____
_____

ADDITIONAL OBSERVATIONS:
_____
_____
_____
_____
_____

SKETCH/ATTACH PHOTO:

BIRD NAME: _____ BIRD FAMILY: _____	DATE:
BIRD LOCATION: _____	M D Y

TIME SEEN:	NUMBER OF BIRD SPOTTED
	1 | 2 | 3 | 4 | 5+

WEATHER:	SEASON:
☀ | ☁ | 🌧 | ❄	☀ | 🍂 | ❄ | 🌱

HABITAT:	SOUNDS:

SIGHTED WITH:	RATING:
	☆ ☆ ☆ ☆ ☆

BIRD'S ACTIONS:	YOUR ACTIONS:
_____	_____
_____	_____
_____	_____
_____	_____
_____	_____

BIRD'S APPEARANCE:
_____
_____
_____
_____
_____

ADDITIONAL OBSERVATIONS:
_____
_____
_____
_____
_____

SKETCH/ATTACH PHOTO:

BIRD NAME: _____ BIRD FAMILY: _____	DATE:
BIRD LOCATION: _____	M D Y

TIME SEEN:	NUMBER OF BIRD SPOTTED
	1 | 2 | 3 | 4 | 5+

WEATHER:	SEASON:
☀ | ☁ | 🌧 | ❄	☀ | 🍂 | ❄ | 🌿

HABITAT:	SOUNDS:

SIGHTED WITH:	RATING:
	☆ ☆ ☆ ☆ ☆

BIRD'S ACTIONS:	YOUR ACTIONS:

BIRD'S APPEARANCE:

ADDITIONAL OBSERVATIONS:

SKETCH/ATTACH PHOTO:

BIRD NAME: _____ BIRD FAMILY: _____	DATE:
BIRD LOCATION: _____	M D Y

TIME SEEN:	NUMBER OF BIRD SPOTTED
	1 | 2 | 3 | 4 | 5+

WEATHER:	SEASON:
☀ | ☁ | 🌧 | ❄	☀ | 🍂 | ❄ | 🌱

HABITAT:	SOUNDS:

SIGHTED WITH:	RATING:
	☆ ☆ ☆ ☆ ☆

BIRD'S ACTIONS:	YOUR ACTIONS:
_____	_____
_____	_____
_____	_____
_____	_____
_____	_____

BIRD'S APPEARANCE:
_____
_____
_____
_____
_____

ADDITIONAL OBSERVATIONS:
_____
_____
_____
_____
_____

SKETCH/ATTACH PHOTO:

BIRD NAME: _____ BIRD FAMILY: _____

BIRD LOCATION: _____

DATE:

M   D   Y

TIME SEEN:	NUMBER OF BIRD SPOTTED
	1 | 2 | 3 | 4 | 5+
WEATHER: ☀ | ☁ | 🌧 | ❄	SEASON: ☀ | 🍂 | ❄ | 🌱
HABITAT:	SOUNDS:
SIGHTED WITH:	RATING: ☆ ☆ ☆ ☆ ☆
BIRD'S ACTIONS:	YOUR ACTIONS:
_____	_____
_____	_____
_____	_____
_____	_____
_____	_____

BIRD'S APPEARANCE:
_____
_____
_____
_____
_____

ADDITIONAL OBSERVATIONS:
_____
_____
_____
_____
_____

SKETCH/ATTACH PHOTO:

BIRD NAME: _____ BIRD FAMILY: _____	DATE: M D Y
BIRD LOCATION: _____	

TIME SEEN:	NUMBER OF BIRD SPOTTED
	1 | 2 | 3 | 4 | 5+

WEATHER:	SEASON:

HABITAT:	SOUNDS:

SIGHTED WITH:	RATING: ☆ ☆ ☆ ☆ ☆

BIRD'S ACTIONS:	YOUR ACTIONS:

BIRD'S APPEARANCE:

ADDITIONAL OBSERVATIONS:

SKETCH/ATTACH PHOTO:

BIRD NAME: _____ BIRD FAMILY: _____	DATE:
BIRD LOCATION: _____	M D Y

TIME SEEN:	NUMBER OF BIRD SPOTTED
	1 | 2 | 3 | 4 | 5+

WEATHER:	SEASON:
☀ | ☁ | 🌧 | ❄	☀ | 🍂 | ❄ | 🌱

HABITAT:	SOUNDS:

SIGHTED WITH:	RATING:
	☆ ☆ ☆ ☆ ☆

BIRD'S ACTIONS:	YOUR ACTIONS:
_____	_____
_____	_____
_____	_____
_____	_____
_____	_____

BIRD'S APPEARANCE:
_____
_____
_____
_____
_____

ADDITIONAL OBSERVATIONS:
_____
_____
_____
_____
_____

SKETCH/ATTACH PHOTO:

BIRD NAME: _____ BIRD FAMILY: _____	DATE:
BIRD LOCATION: _____	M D Y

| TIME SEEN: | NUMBER OF BIRD SPOTTED |
| | 1 \| 2 \| 3 \| 4 \| 5+ |

| WEATHER: | SEASON: |

| HABITAT: | SOUNDS: |

| SIGHTED WITH: | RATING: ☆ ☆ ☆ ☆ ☆ |

| BIRD'S ACTIONS: | YOUR ACTIONS: |

BIRD'S APPEARANCE:
_____
_____
_____
_____

ADDITIONAL OBSERVATIONS:
_____
_____
_____
_____

SKETCH/ATTACH PHOTO:

BIRD NAME: _____ BIRD FAMILY: _____	DATE: M D Y

TIME SEEN:	NUMBER OF BIRD SPOTTED 1 | 2 | 3 | 4 | 5+
WEATHER:	SEASON:
HABITAT:	SOUNDS:
SIGHTED WITH:	RATING: ☆ ☆ ☆ ☆ ☆
BIRD'S ACTIONS: _____ _____ _____ _____ _____	YOUR ACTIONS: _____ _____ _____ _____ _____

BIRD LOCATION: _____

BIRD'S APPEARANCE:
_____
_____
_____
_____

ADDITIONAL OBSERVATIONS:
_____
_____
_____
_____

SKETCH/ATTACH PHOTO:

| BIRD NAME: _____ BIRD FAMILY: _____ | DATE: |
| BIRD LOCATION: _____ | M D Y |

| TIME SEEN: | NUMBER OF BIRD SPOTTED |
| | 1 \| 2 \| 3 \| 4 \| 5+ |

| WEATHER: | SEASON: |
| ☀ \| ☁ \| 🌧 \| ❄ | ☀ \| 🍂 \| ❄ \| 🌱 |

| HABITAT: | SOUNDS: |

| SIGHTED WITH: | RATING: |
| | ☆ ☆ ☆ ☆ ☆ |

BIRD'S ACTIONS:	YOUR ACTIONS:
_____	_____
_____	_____
_____	_____
_____	_____
_____	_____

BIRD'S APPEARANCE:
_____
_____
_____
_____
_____

ADDITIONAL OBSERVATIONS:
_____
_____
_____
_____
_____

SKETCH/ATTACH PHOTO:

BIRD NAME: _____ BIRD FAMILY: _____ BIRD LOCATION: _____	DATE: M D Y

TIME SEEN:	NUMBER OF BIRD SPOTTED 1 | 2 | 3 | 4 | 5+
WEATHER: ☀ | ☁ | 🌧 | ❄	SEASON: ☀ | 🍂 | ❄ | 🌱
HABITAT:	SOUNDS:
SIGHTED WITH:	RATING: ☆ ☆ ☆ ☆ ☆
BIRD'S ACTIONS: _____ _____ _____ _____ _____	YOUR ACTIONS: _____ _____ _____ _____ _____

BIRD'S APPEARANCE:
_____
_____
_____
_____
_____

ADDITIONAL OBSERVATIONS:
_____
_____
_____
_____
_____

SKETCH/ATTACH PHOTO:

BIRD NAME: _____ BIRD FAMILY: _____	DATE: M D Y

TIME SEEN:	NUMBER OF BIRD SPOTTED 1 | 2 | 3 | 4 | 5+
WEATHER: ☀ | ☁ | 🌧 | ❄	SEASON: ☀ | 🍂 | ❄ | 🌿
HABITAT:	SOUNDS:
SIGHTED WITH:	RATING: ☆ ☆ ☆ ☆ ☆
BIRD'S ACTIONS:	YOUR ACTIONS:

BIRD LOCATION: _____

BIRD'S APPEARANCE:

ADDITIONAL OBSERVATIONS:

SKETCH/ATTACH PHOTO:

BIRD NAME: _____ BIRD FAMILY: _____	DATE:
BIRD LOCATION: _____	M D Y

TIME SEEN:	NUMBER OF BIRD SPOTTED
	1 | 2 | 3 | 4 | 5+

WEATHER:	SEASON:
☀ | ☁ | 🌧 | ❄	☀ | 🍂 | ❄ | 🌱

HABITAT:	SOUNDS:

SIGHTED WITH:	RATING:
	☆ ☆ ☆ ☆ ☆

BIRD'S ACTIONS:	YOUR ACTIONS:
_____	_____
_____	_____
_____	_____
_____	_____
_____	_____

BIRD'S APPEARANCE:
_____
_____
_____
_____
_____

ADDITIONAL OBSERVATIONS:
_____
_____
_____
_____
_____

SKETCH/ATTACH PHOTO:

		DATE:
BIRD NAME: _____ BIRD FAMILY: _____		M D Y
BIRD LOCATION: _____		

TIME SEEN:	NUMBER OF BIRD SPOTTED
	1 | 2 | 3 | 4 | 5+

WEATHER:	SEASON:
☀ | ☁ | 🌧 | ❄	☀ | 🍂 | ❄ | 🌱

HABITAT:	SOUNDS:

SIGHTED WITH:	RATING:
	☆ ☆ ☆ ☆ ☆

BIRD'S ACTIONS:	YOUR ACTIONS:
_____	_____
_____	_____
_____	_____
_____	_____
_____	_____

BIRD'S APPEARANCE:
_____
_____
_____
_____
_____

ADDITIONAL OBSERVATIONS:
_____
_____
_____
_____
_____

SKETCH/ATTACH PHOTO:

BIRD NAME: _____ BIRD FAMILY: _____	DATE: M D Y
BIRD LOCATION: _____	

TIME SEEN:	NUMBER OF BIRD SPOTTED 1 | 2 | 3 | 4 | 5+
WEATHER: ☀ | ☁ | 🌧 | ❄	SEASON: ☀ | 🍂 | ❄ | 🌱
HABITAT:	SOUNDS:
SIGHTED WITH:	RATING: ☆ ☆ ☆ ☆ ☆
BIRD'S ACTIONS: _____ _____ _____ _____ _____	YOUR ACTIONS: _____ _____ _____ _____ _____

BIRD'S APPEARANCE:
_____
_____
_____
_____
_____

ADDITIONAL OBSERVATIONS:
_____
_____
_____
_____
_____

SKETCH/ATTACH PHOTO:

		DATE:		
BIRD NAME: _____ BIRD FAMILY: _____		M	D	Y
BIRD LOCATION: _____				

TIME SEEN:	NUMBER OF BIRD SPOTTED
	1 | 2 | 3 | 4 | 5+

WEATHER: ☀ | ☁ | 🌧 | ❄	SEASON: ☀ | 🍂 | ❄ | 🌱

HABITAT:	SOUNDS:

SIGHTED WITH:	RATING: ☆ ☆ ☆ ☆ ☆

BIRD'S ACTIONS:	YOUR ACTIONS:
_____	_____
_____	_____
_____	_____
_____	_____
_____	_____

BIRD'S APPEARANCE:
_____
_____
_____
_____
_____

ADDITIONAL OBSERVATIONS:
_____
_____
_____
_____
_____

SKETCH/ATTACH PHOTO:

BIRD NAME: _____ **BIRD FAMILY:** _____ **BIRD LOCATION:** _____	**DATE:** M D Y
TIME SEEN:	**NUMBER OF BIRD SPOTTED** 1 | 2 | 3 | 4 | 5+
WEATHER: ☀ | ☁ | 🌧 | ❄	**SEASON:** ☀ | 🍂 | ❄ | 🌱
HABITAT:	**SOUNDS:**
SIGHTED WITH:	**RATING:** ☆ ☆ ☆ ☆ ☆
BIRD'S ACTIONS: _____ _____ _____ _____ _____	**YOUR ACTIONS:** _____ _____ _____ _____ _____

BIRD'S APPEARANCE:
_____
_____
_____
_____

ADDITIONAL OBSERVATIONS:
_____
_____
_____
_____
_____

SKETCH/ATTACH PHOTO:

BIRD NAME: _____ BIRD FAMILY: _____	DATE: M D Y

TIME SEEN:	NUMBER OF BIRD SPOTTED 1 | 2 | 3 | 4 | 5+
WEATHER: ☀ | ☁ | 🌧 | ❄	SEASON: ☀ | 🍂 | ❄ | 🌿
HABITAT:	SOUNDS:
SIGHTED WITH:	RATING: ☆ ☆ ☆ ☆ ☆
BIRD'S ACTIONS:	YOUR ACTIONS:

BIRD LOCATION: _____

BIRD'S APPEARANCE:
_____
_____
_____
_____

ADDITIONAL OBSERVATIONS:
_____
_____
_____
_____

SKETCH/ATTACH PHOTO:

BIRD NAME: _____ BIRD FAMILY: _____ BIRD LOCATION: _____	DATE: M D Y

TIME SEEN:	NUMBER OF BIRD SPOTTED 1 | 2 | 3 | 4 | 5+
WEATHER: ☀ | ☁ | 🌧 | ❄	SEASON: ☀ | 🍂 | ❄ | 🌱
HABITAT:	SOUNDS:
SIGHTED WITH:	RATING: ☆ ☆ ☆ ☆ ☆
BIRD'S ACTIONS: _____ _____ _____ _____ _____	YOUR ACTIONS: _____ _____ _____ _____ _____

BIRD'S APPEARANCE:
_____
_____
_____
_____

ADDITIONAL OBSERVATIONS:
_____
_____
_____
_____

SKETCH/ATTACH PHOTO:

		DATE:
BIRD NAME: _____ BIRD FAMILY: _____		M D Y
BIRD LOCATION: _____		

TIME SEEN:	NUMBER OF BIRD SPOTTED
	1 | 2 | 3 | 4 | 5+

WEATHER:	SEASON:
☀ | ☁ | 🌧 | ❄	☀ | 🍂 | ❄ | 🌱

HABITAT:	SOUNDS:

SIGHTED WITH:	RATING:
	☆ ☆ ☆ ☆ ☆

BIRD'S ACTIONS:	YOUR ACTIONS:
_____	_____
_____	_____
_____	_____
_____	_____
_____	_____

BIRD'S APPEARANCE:
_____
_____
_____
_____

ADDITIONAL OBSERVATIONS:
_____
_____
_____
_____
_____

SKETCH/ATTACH PHOTO:

BIRD NAME: _____ BIRD FAMILY: _____	DATE:		
BIRD LOCATION: _____	M	D	Y

TIME SEEN:	NUMBER OF BIRD SPOTTED
	1 | 2 | 3 | 4 | 5+

WEATHER:	SEASON:
☀ | ☁ | 🌧 | ❄	☀ | 🍂 | ❄ | 🌿

HABITAT:	SOUNDS:

SIGHTED WITH:	RATING:
	☆ ☆ ☆ ☆ ☆

BIRD'S ACTIONS:	YOUR ACTIONS:
_____	_____
_____	_____
_____	_____
_____	_____
_____	_____

BIRD'S APPEARANCE:
_____
_____
_____
_____

ADDITIONAL OBSERVATIONS:
_____
_____
_____
_____

SKETCH/ATTACH PHOTO:

BIRD NAME: _____ BIRD FAMILY: _____	DATE:
BIRD LOCATION: _____	M D Y

| TIME SEEN: | NUMBER OF BIRD SPOTTED |
| | 1 | 2 | 3 | 4 | 5+ |

| WEATHER: ☀ | ☁ | 🌧 | ❄ | SEASON: ☀ | 🍂 | ❄ | 🌱 |

HABITAT:

SOUNDS:

SIGHTED WITH:

RATING: ☆ ☆ ☆ ☆ ☆

BIRD'S ACTIONS:
_____
_____
_____
_____
_____

YOUR ACTIONS:
_____
_____
_____
_____
_____

BIRD'S APPEARANCE:
_____
_____
_____
_____
_____

ADDITIONAL OBSERVATIONS:
_____
_____
_____
_____
_____

SKETCH/ATTACH PHOTO:

BIRD NAME: _____ BIRD FAMILY: _____	DATE: M D Y
BIRD LOCATION: _____	

TIME SEEN:	NUMBER OF BIRD SPOTTED 1 | 2 | 3 | 4 | 5+
WEATHER: ☀ | ☁ | 🌧 | ❄	SEASON: ☀ | 🍂 | ❄ | 🌱
HABITAT:	SOUNDS:
SIGHTED WITH:	RATING: ☆ ☆ ☆ ☆ ☆
BIRD'S ACTIONS: _____ _____ _____ _____ _____	YOUR ACTIONS: _____ _____ _____ _____ _____

BIRD'S APPEARANCE:
_____
_____
_____
_____
_____

ADDITIONAL OBSERVATIONS:
_____
_____
_____
_____
_____

SKETCH/ATTACH PHOTO:

BIRD NAME: _____ BIRD FAMILY: _____ BIRD LOCATION: _____	DATE: M D Y

TIME SEEN:	NUMBER OF BIRD SPOTTED 1 | 2 | 3 | 4 | 5+
WEATHER: ☀ | ☁ | 🌧 | ❄	SEASON: ☀ | 🍂 | ❄ | 🌱
HABITAT:	SOUNDS:
SIGHTED WITH:	RATING: ☆ ☆ ☆ ☆ ☆
BIRD'S ACTIONS: _____ _____ _____ _____ _____	YOUR ACTIONS: _____ _____ _____ _____ _____

BIRD'S APPEARANCE:
_____
_____
_____
_____

ADDITIONAL OBSERVATIONS:
_____
_____
_____
_____

SKETCH/ATTACH PHOTO:

BIRD NAME: _____ BIRD FAMILY: _____	DATE:
BIRD LOCATION: _____	M D Y

TIME SEEN:

NUMBER OF BIRD SPOTTED
1 | 2 | 3 | 4 | 5+

WEATHER:
☀ | ☁ | 🌧 | ❄

SEASON:
☀ | 🍂 | ❄ | 🌱

HABITAT:

SOUNDS:

SIGHTED WITH:

RATING:
☆ ☆ ☆ ☆ ☆

BIRD'S ACTIONS:
_____
_____
_____
_____
_____

YOUR ACTIONS:
_____
_____
_____
_____
_____

BIRD'S APPEARANCE:
_____
_____
_____
_____
_____

ADDITIONAL OBSERVATIONS:
_____
_____
_____
_____
_____

SKETCH/ATTACH PHOTO:

BIRD NAME: _____ BIRD FAMILY: _____ BIRD LOCATION: _____	DATE: M D Y
TIME SEEN:	NUMBER OF BIRD SPOTTED 1 | 2 | 3 | 4 | 5+
WEATHER: ☀ | ☁ | 🌧 | ❄	SEASON: ☀ | 🍂 | ❄ | 🌱
HABITAT:	SOUNDS:
SIGHTED WITH:	RATING: ☆ ☆ ☆ ☆ ☆
BIRD'S ACTIONS: _____ _____ _____ _____ _____	YOUR ACTIONS: _____ _____ _____ _____ _____

BIRD'S APPEARANCE:
_____
_____
_____
_____
_____

ADDITIONAL OBSERVATIONS:
_____
_____
_____
_____
_____

SKETCH/ATTACH PHOTO:

BIRD NAME: _____ BIRD FAMILY: _____	DATE:		
BIRD LOCATION: _____	M	D	Y

TIME SEEN:	NUMBER OF BIRD SPOTTED
	1 | 2 | 3 | 4 | 5+

WEATHER: ☀ | ☁ | 🌧 | ❄	SEASON: ☀ | 🍂 | ❄ | 🌿
HABITAT:	SOUNDS:
SIGHTED WITH:	RATING: ☆ ☆ ☆ ☆ ☆
BIRD'S ACTIONS: _____ _____ _____ _____ _____	YOUR ACTIONS: _____ _____ _____ _____ _____

BIRD'S APPEARANCE:
_____
_____
_____
_____

ADDITIONAL OBSERVATIONS:
_____
_____
_____
_____

SKETCH/ATTACH PHOTO:

BIRD NAME: _____ BIRD FAMILY: _____

DATE:
M   D   Y

BIRD LOCATION: _____

TIME SEEN:	NUMBER OF BIRD SPOTTED
	1 | 2 | 3 | 4 | 5+

WEATHER:

SEASON:

HABITAT:

SOUNDS:

SIGHTED WITH:

RATING:
☆ ☆ ☆ ☆ ☆

BIRD'S ACTIONS:
_____
_____
_____
_____
_____

YOUR ACTIONS:
_____
_____
_____
_____
_____

BIRD'S APPEARANCE:
_____
_____
_____
_____
_____

ADDITIONAL OBSERVATIONS:
_____
_____
_____
_____
_____

SKETCH/ATTACH PHOTO:

BIRD NAME: _____ BIRD FAMILY: _____	DATE:
BIRD LOCATION: _____	M D Y

TIME SEEN:	NUMBER OF BIRD SPOTTED
	1 | 2 | 3 | 4 | 5+

WEATHER: ☀ | ☁ | 🌧 | ❄	SEASON: ☀ | 🍂 | ❄ | 🌱

HABITAT:	SOUNDS:

SIGHTED WITH:	RATING: ☆ ☆ ☆ ☆ ☆

BIRD'S ACTIONS:	YOUR ACTIONS:
_____	_____
_____	_____
_____	_____
_____	_____
_____	_____

BIRD'S APPEARANCE:
_____
_____
_____
_____

ADDITIONAL OBSERVATIONS:
_____
_____
_____
_____

SKETCH/ATTACH PHOTO:

BIRD NAME: _____ BIRD FAMILY: _____	DATE:
BIRD LOCATION: _____	M D Y

| TIME SEEN: | NUMBER OF BIRD SPOTTED |
| | 1 \| 2 \| 3 \| 4 \| 5+ |

| WEATHER: | SEASON: |
| ☀ \| ☁ \| 🌧 \| ❄ | ☀ \| 🍂 \| ❄ \| 🌿 |

| HABITAT: | SOUNDS: |

| SIGHTED WITH: | RATING: |
| | ☆ ☆ ☆ ☆ ☆ |

BIRD'S ACTIONS:	YOUR ACTIONS:
_____	_____
_____	_____
_____	_____
_____	_____
_____	_____

BIRD'S APPEARANCE:
_____
_____
_____
_____
_____

ADDITIONAL OBSERVATIONS:
_____
_____
_____
_____
_____

SKETCH/ATTACH PHOTO:

BIRD NAME: _____ BIRD FAMILY: _____	DATE:
BIRD LOCATION: _____	M D Y

TIME SEEN:	NUMBER OF BIRD SPOTTED
	1 | 2 | 3 | 4 | 5+

WEATHER:	SEASON:

HABITAT:	SOUNDS:

SIGHTED WITH:	RATING:
	☆ ☆ ☆ ☆ ☆

BIRD'S ACTIONS:	YOUR ACTIONS:
_____	_____
_____	_____
_____	_____
_____	_____
_____	_____

BIRD'S APPEARANCE:
_____
_____
_____
_____

ADDITIONAL OBSERVATIONS:
_____
_____
_____
_____
_____

SKETCH/ATTACH PHOTO:

BIRD NAME: _____ BIRD FAMILY: _____	DATE:
BIRD LOCATION: _____	M D Y

TIME SEEN:	NUMBER OF BIRD SPOTTED
	1 | 2 | 3 | 4 | 5+

WEATHER: ☀ | ☁ | 🌧 | ❄	SEASON: ☀ | 🍂 | ❄ | 🌱

HABITAT:	SOUNDS:

SIGHTED WITH:	RATING: ☆ ☆ ☆ ☆ ☆

BIRD'S ACTIONS:	YOUR ACTIONS:
_____	_____
_____	_____
_____	_____
_____	_____
_____	_____

BIRD'S APPEARANCE:
_____
_____
_____
_____
_____

ADDITIONAL OBSERVATIONS:
_____
_____
_____
_____

SKETCH/ATTACH PHOTO:

BIRD NAME: _____ BIRD FAMILY: _____	DATE:
BIRD LOCATION: _____	M D Y

TIME SEEN:	NUMBER OF BIRD SPOTTED
	1 | 2 | 3 | 4 | 5+
WEATHER:	SEASON:
☀ | ☁ | 🌧 | ❄	☀ | 🍂 | ❄ | 🌿
HABITAT:	SOUNDS:
SIGHTED WITH:	RATING: ☆ ☆ ☆ ☆ ☆
BIRD'S ACTIONS:	YOUR ACTIONS:

BIRD'S APPEARANCE:

___

ADDITIONAL OBSERVATIONS:

___

SKETCH/ATTACH PHOTO:

		DATE:
BIRD NAME: _____ BIRD FAMILY: _____		M D Y
BIRD LOCATION: _____		

TIME SEEN:	NUMBER OF BIRD SPOTTED
	1 | 2 | 3 | 4 | 5+

WEATHER:	SEASON:
☀ | ☁ | 🌧 | ❄	☀ | 🍂 | ❄ | 🌱

HABITAT:	SOUNDS:

SIGHTED WITH:	RATING:
	☆ ☆ ☆ ☆ ☆

BIRD'S ACTIONS:	YOUR ACTIONS:

BIRD'S APPEARANCE:

ADDITIONAL OBSERVATIONS:

SKETCH/ATTACH PHOTO:

BIRD NAME: _____ **BIRD FAMILY:** _____ **BIRD LOCATION:** _____	**DATE:** M D Y

TIME SEEN:	**NUMBER OF BIRD SPOTTED** 1 | 2 | 3 | 4 | 5+
WEATHER: ☀ | ☁ | 🌧 | ❄	**SEASON:** ☀ | 🍂 | ❄ | 🌱
HABITAT:	**SOUNDS:**
SIGHTED WITH:	**RATING:** ☆ ☆ ☆ ☆ ☆
BIRD'S ACTIONS: _____ _____ _____ _____ _____ _____	**YOUR ACTIONS:** _____ _____ _____ _____ _____ _____

BIRD'S APPEARANCE:
_____
_____
_____
_____
_____

ADDITIONAL OBSERVATIONS:
_____
_____
_____
_____
_____

SKETCH/ATTACH PHOTO:

BIRD NAME: _____ BIRD FAMILY: _____	DATE:		
BIRD LOCATION: _____	M	D	Y

TIME SEEN:	NUMBER OF BIRD SPOTTED
	1 | 2 | 3 | 4 | 5+

WEATHER:	SEASON:

HABITAT:	SOUNDS:

SIGHTED WITH:	RATING: ☆ ☆ ☆ ☆ ☆

BIRD'S ACTIONS:	YOUR ACTIONS:
_____	_____
_____	_____
_____	_____
_____	_____
_____	_____

BIRD'S APPEARANCE:
_____
_____
_____
_____

ADDITIONAL OBSERVATIONS:
_____
_____
_____
_____

SKETCH/ATTACH PHOTO:

BIRD NAME: _____ BIRD FAMILY: _____	DATE:
BIRD LOCATION: _____	M D Y

| TIME SEEN: | NUMBER OF BIRD SPOTTED |
| | 1 \| 2 \| 3 \| 4 \| 5+ |

| WEATHER: | SEASON: |
| ☀ \| ☁ \| 🌧 \| ❄ | ☀ \| 🍂 \| ❄ \| 🌱 |

| HABITAT: | SOUNDS: |

| SIGHTED WITH: | RATING: |
| | ☆ ☆ ☆ ☆ ☆ |

BIRD'S ACTIONS:	YOUR ACTIONS:
_____	_____
_____	_____
_____	_____
_____	_____
_____	_____

BIRD'S APPEARANCE:
_____
_____
_____
_____

ADDITIONAL OBSERVATIONS:
_____
_____
_____
_____
_____

SKETCH/ATTACH PHOTO:

BIRD NAME: _____ BIRD FAMILY: _____ BIRD LOCATION: _____	DATE: M D Y

TIME SEEN:	NUMBER OF BIRD SPOTTED 1 | 2 | 3 | 4 | 5+
WEATHER: ☀ | ☁ | 🌧 | ❄	SEASON: ☀ | 🍂 | ❄ | 🌿
HABITAT:	SOUNDS:
SIGHTED WITH:	RATING: ☆ ☆ ☆ ☆ ☆
BIRD'S ACTIONS: _____ _____ _____ _____ _____	YOUR ACTIONS: _____ _____ _____ _____ _____

BIRD'S APPEARANCE:
_____
_____
_____
_____
_____

ADDITIONAL OBSERVATIONS:
_____
_____
_____
_____

SKETCH/ATTACH PHOTO:

		DATE:
BIRD NAME: _____ BIRD FAMILY: _____		M D Y
BIRD LOCATION: _____		

TIME SEEN:	NUMBER OF BIRD SPOTTED
	1 | 2 | 3 | 4 | 5+

WEATHER:	SEASON:

HABITAT:	SOUNDS:

SIGHTED WITH:	RATING: ☆ ☆ ☆ ☆ ☆

BIRD'S ACTIONS:	YOUR ACTIONS:
_____	_____
_____	_____
_____	_____
_____	_____
_____	_____

BIRD'S APPEARANCE:
_____
_____
_____
_____
_____

ADDITIONAL OBSERVATIONS:
_____
_____
_____
_____
_____

SKETCH/ATTACH PHOTO:

| BIRD NAME: _____ BIRD FAMILY: _____ | DATE: |
| BIRD LOCATION: _____ | M D Y |

| TIME SEEN: | NUMBER OF BIRD SPOTTED |
| | 1 \| 2 \| 3 \| 4 \| 5+ |

| WEATHER: ☀ \| ☁ \| 🌧 \| ❄ | SEASON: ☀ \| 🍂 \| ❄ \| 🌱 |

| HABITAT: | SOUNDS: |

| SIGHTED WITH: | RATING: ☆ ☆ ☆ ☆ ☆ |

BIRD'S ACTIONS:	YOUR ACTIONS:
_____	_____
_____	_____
_____	_____
_____	_____
_____	_____

BIRD'S APPEARANCE:
_____
_____
_____
_____
_____

ADDITIONAL OBSERVATIONS:
_____
_____
_____
_____
_____

SKETCH/ATTACH PHOTO:

YOUR BIRD INDEX

BIRD NAME:	SEEN WITH:	DATE SPOTTED:

YOUR BIRD INDEX

BIRD NAME:	SEEN WITH:	DATE SPOTTED:

YOUR GEAR

GEAR TYPE:	GEAR MODEL:

Printed in Great Britain
by Amazon